Valdeze Ngoube Lobe

Ma plume écrit pour toi

Valdeze Ngoube Lobe

Ma plume écrit pour toi

Éditions Muse

Cover image: www.ingimage.com

Publisher:
Éditions Muse
is a trademark of
International Book Market Service Ltd., member of OmniScriptum Publishing Group
17 Meldrum Street, Beau Bassin 71504, Mauritius

Printed at: see last page
ISBN: 978-620-2-29683-0

Valdeze Ngoube
Lobe

Ma plume écrit

Pour toi

Edition

La poésie est le soleil de l'âme la flamme du cœur
chaque larme chaque sourire est un mot un vers
la poésie est une musique les notes volent dans le ciel des pensées
pour le meilleur et pour le pire.

A la porte de ton cœur

Tu es l'être qui manque à mon cœur immortel
Un jour sans soleil pour les autres
Une lumière éternelle pour moi
Le besoin de mon âme dans cette source troublé
Je t'ai cherché par le feu et sans pareil
Tu es le jour où pendant la nuit le soleil s'était levé
Le jour où pendant la nuit l'étoile s'était cachée
Les fleurs sur les lèvres. Ton regard écarlate
A jamais pour moi tu parais comme un credo
Ton image reste gravée dans mon esprit en manque
Ce poids mélancolique que je porte avec toute fierté.

A Evehe Jeanine Solange

Elle a les yeux d'amandes.

Elle a une bouche mielleuse

Elle danse tout le temps.

Les mains aux hanches

Et éclate d'un rire fou.

Qui laisse a tant dévoilé

Ses belles dents blanches.

La belle et charmante SOLANGE

Et de toutes les fleurs qui poussent dans mon jardin

Elle est la seule donc le parfum me rend fou et rêveur

Tous les matins

Et quand je lui demande qui va-t-elle épouser.

Elle me dit; c'est lui bien sûr s'il ne vieilli.

On doit viser la fin

Si la raison se perd dans la colère.

Le cœur doit rester humain.

Dans la raison où est le cœur?

L'oreille entend le bruit mais ne retient aucun son.

Et si le cœur devient un animal

On devrait combattre la force de sa raison mais où est donc la raison du cœur.

Le cœur a la raison du milieu.

Et entre le début et la fin

Aucun début ne peut prédire la fin.

La raison est la fin; la force est le moyen.

Ici pour toi

Je serais toujours là pour toi

Regarde le ciel, il te le dira

Lève les yeux. Et ne doute jamais.

Croît moi

Car dans mon cœur ton amour sera toujours

D'une fois, d'une heure, d'un jour.

Dans une nuit, un siècle, une vie

Voilà pourquoi j'ai posé dans ce monde ma fleur.

Ta rose tourmente mon CŒUR.

Demain dès l'aube

Je n'ai jamais écrit.

Inspiré par le vent

Je n'ai jamais écrit.

En ce moment pour cette fleur.

Je marcherai, les yeux fixés sur mes pensées.

J'avancerai mon cœur tourné sur mes sentiments

Je ne puis rester loin de toi longtemps

Le temps passé a donné à mon être le dégout en ce monde

Alors demain dès l'aube, je serai devant ta porte

Je partirai dès l'aube, pour arriver à l'aube

Je n'attendrai

Ni l'or qui tombe en plein soir, ni le diamant qui m'est donné au petit matin

Je partirai avec mon cœur, ma dignité, ma fierté et mon humilité

Et lorsque j'arriverai, je mettrai un bouquet de fleur sur ta tombe

De COULEUR **BLEU VERTE BLANCHE** et **VIOLET**

La quelle je donnerai nos noms.

Ce que je !!!

Te toucher, ça je le voudrais

Te caresser, ça je le désirerais

T'embrasser, m'enchanterais

Te regarder me rassasierais

T'essayer, mon désir

T'apprécier mon cadeau

T'écumer, mon apogée
Et t'aimer simplement mon tout.

Excuse moi

C’est maintenant que je m’en rends compte

A quel point le mépris est une chose abominable et impardonnable

Tu m’as laissé tomber. Moi qui avais tout mis sur toi

Tu m’as méprisé. Moi qui ne jurais que par ton nom

J’avais tout remis entre tes bras

Mais toi

Qu’es ce que tu as fait. T’as piétiné et t’es passé dessus

J’avais cru que j’étais l’amour de ta vie. Qu’ensemble nous serions plus forts

A tes côtes j’étais si beau. Avec toi si doux et tendre

Comme un artiste, de tes mains j’ai été façonné

Telle une étoile tu me guidais, tu fus mon apogée

A présent je dois vivre sans toi; Puisqu’avant toi je vivais.

Mais néanmoins

Aussi vrai que la pluie tombe pour tous, et que le soleil briller pour chacun

Aussi sûr est que pour chaque homme est faite une femme.

25

Amour impossible

Mon amour pour toi est infini,
mais jamais nous serons unis.
Si seulement mon physique était différent,
peut-être pour moi tu aurais des sentiments.

Mais je te comprends tout à fait,
même si je ne suis pas totalement laid.
Toi tu es magnifique voir divine,
alors que je ne paye pas de mine.

Et même si mon cœur est immense,
jamais je n'aurai ta présence.
Ton amour, ta chaleur,
Ton attention et ton affection
Pourtant de toi j'ai besoin,
pour m'ôter tout chagrin.

Fleur

Docteur de mon cœur, mes yeux s'ouvrent pour la première fois

Devant toi qui fait de moi ce soir ton bien aimée.

Inoubliable source, ma vie est restée sur le chemin.

Et je suis là sous le vent du soir debout, abaisser sur mon demi-sors.

Amoureux je le suis à présent. Pour celle qui m'a tout donner et tout appris

Car inconsciemment je me suis mis à croire en elle

N'oserais-je compter les larmes qui étaient dans mes yeux et on coulées sur mon corps

Le soleil de tes paroles a changé mes envies de gamins

En toi désormais, ma vie devient. A jamais l'enfer de mon cœur; à genoux devant celle qu'il aime.

Une mémoire défaillante

De savoir que tu étais là
Tout près de moi
Me réconfortait,
M'aidait à mieux vivre

Ton parfum aux senteurs exquises m'envoûte
Et remplit l'air d'une délicieuse fragrance
M'attirant vers toi
Comme un aimant

Pour toi je marcherai
Sur du verre brisé
Sur des cendres ardentes
Mais le destin en a décidé autrement

Je me souviens de tout
Dans les moindres détails
Alors que toi, tu as tout oublié
A présent, tu me détestes
Ton regard brûle ma peau glacée

Je t'en prie crois-moi
Ose entendre la vérité
Car sans toi je vis la nuit
Et je ne veux plus voir
Le soleil se lever

Et tous ce que je veux c'est d'être

À deux mètre sous terre

Sans toi

C'est une histoire que je ne raconte souvent pas,

Mais que j'écris pour qu'on l'enterre dans le combat

Et dans l'histoire de ma vie, tu as marqué ton passage.

Courage mon cœur me disait

Fille de mes rêves.

Ville au jardin d'Eve

T'as mis la lune sous tes pieds.

Je ramerais pour être à tes pieds

Ton parfum m'enivre de passion pour ta beauté

Et devant toi, je compte mes os, sur ton dos;

Je bâtirais un empire, donc tu seras la reine

Ecoute ton cœur, j'ai fait une pause dans ma vie

J'ai vu passer plusieurs roses dans ma vie

Et le parfum d'aucunes d'elles ne m'avait accroché comme le tien

Tout d'un coup je me suis vit emporter par tes paroles

SANS TOI ma vie est l'ombre d'elle-même.

Le secret du nombre

Chaque nombre cache un secret qu'il soit, bon ou mauvais, lait ou beaux

Chaque secret à sa particularité certain unisse d'autre sépare

Que faire donc face à un tel poids; le garder ou le partager,

Avec qui dans ce cas

Tout dépend du nombre de secret que nous avons et

(Ton meilleur ami c'est toi-même)

Alors ton ou tes secret ne peuvent être bien gardé et protéger

Par toi et seulement toi seule.

L'histoire d'une jeunesse

C'est l'histoire d'un affront perpétuel entre moi dans le duel de ma jeunesse

La vie t'offre un présentatif, le seul visible dans mes écrits

Tan pie pour les âmes qui n'ont que pour article, l'article du soleil. Trouve celui de sa sœur qui éclaire

Dans la nuit et sois sur d'où tu es ma vie contourne et le sang de mes veines alimentes mes nerfs

Ma vie sans toi ne sert à rien et l'ores de tes nuits seront des rêves

Tes jours toujours couchées seront aux soirs divers sans pantalon

Adieu aux nuits des temps d'amours ta vie tant de déception le cœur dans ta bataille

J'irais ici lui dire Adieu à ton amour en moi qui bave

Je me sens seul sans ta chaleur, mon cœur m'assaille car

Tu es mon ange sans ailles dans

L'HISTOIRE DE MA JEUNESSE…

A l'intérieure de chacun

Il y'a des choses qui se disent sans se faire, et seul les yeux ont le pouvoir d'en témoigner

Le droit de dire ce qui a été fait sans dire, le pouvoir, l'ultime quête de toute âme

Et la pluie qui tombe, arrose en vain les cœurs, et le soleil qui brille sèche pour rien les larmes

Car aucune fois presque et jamais dans le présent, trop d'idées ont falsifié nos esprits impurs

Trop d'idées sans pareil ont brisé notre histoire, trop d'idées drôles d'idées sans âmes et sans pareil

Pour une vie de droit en quête de pouvoir, dans l'agréable futur, présent dans nos souvenirs.

Défit naturel

Nous sommes plongés dans un défi transparent, dans un défi sans règle naturellement

Un défi qui nourrit nos orgueils silencieux, attaché à tout prix, nos rêves nos dieux malgré tout

De quelque part, on s'inspire de quelque chose, la chose et le mot qui fortifie nos amours

Pour l'étoile de la nuit le parfum de la rose, un regard natté croissant vert l'aube qui se lève

Sur nos chemins se versent des monnaies du pape, aveuglé devant cette imposture écarlate

Soucieux d'être ce qu'on commence à devenir; Adieu à la nuit, le défi de chaque jour

Un défi silencieux, transparent, naturel, qui sort de nulle part mais change notre vies.

Pitie revenez le chercher

Il emprunte toujours le même pont salé,

Et passe de la piste au trottoir bitumé

Le même pont de tous les jours si vous le voulez,

Près des pierres cassées posées sur la chaussée

L'ombre écrivant sans réalité doublée,

Les paroles de cette fille tourmentée

Qui dans sa vaine triste nature existée,

Traverse les lumières d'une route éclairée

Que voulez-vous? C'est l'amour qui la fait pleurer,

L'amour qu'elle fuit après avoir souffert, crie

D'une douleur première qu'elle a eu à aimer,

Et l'enfant devant tous, enliassés, couchée, tué

Méritait selon le ciel cette cruauté, mais tan pie,

On empreinte toujours le même pond.

Si vous m'écoutez

Voilà pourquoi d'un si grand amour tu nous aimes,

L'instant de ta présence qui reste éternel

Dans ce clair bleu qui te traverse dans le gris,

Et refait pousser la fleur de nos terres perdues

On trouve à genoux la gloire d'un homme debout,

La merveille d'un ciel qui se donne prêt d'un court d'eau,

Prêt d'une grotte devant toi qui t'enferme

Dans une route rose que tu portes sur toi,

Présente-toi aux âmes qui cherchent dans le vide

Par la triste passion qui cause tes larmes,

Pour qu'en trouvant dans le vide ce qui est nous

Et par l'épine qui embellie ton cœur qui saigne,

Ayant sur nos têtes la preuve de la mort

Nous sachions mettre à tes pieds, l'odeur de la pédale.

Jamais sans toi

C'est une histoire que je ne raconte généralement pas

Mais que j'écris pour qu'on l'enterre dans le combat

Franchement je ne sais pas

Si c'est ici ou par là

Et si vraiment je dois croire à cela

Car dans un silence j'entendais tes pas

Comme un tonnerre s'avançant vers moi

Alors de la terre j'ai fait un cimetière pour toi

A fin toujours je ne sois jamais sans toi

Je sais qu'un jour je serai roi

Et que dans ce pays on ira là-bas

Ensemble on s'aimera et sur chaque pierre

Il sera écris ton nom crois-moi

Car dans mes bras je te prendrai pour te préserver du froid

Et que partout où tu iras et où je serai

Jamais sans toi sera oublié pour une fois

Pour que toujours à tes côtés je sois

Avec toi parfois

Pour te dire je meurs sans toi.

Je ne sais pas…

Si te dire « I LOVE YOU »

Me permettra de te conserver

Si te dire « avec toi pour toujours »

Me permettra de t'empaler

Si te voir jour pour jour

Me permettra de te supporter

Si me rendre jaloux

Me permettra de vraiment t'aimer

Si te caresser, te couvrir de baisers

Me permettra de ne pas tromper

Si je ne veux plus te voire

Me permettra de t'éviter

Tu es sans mon avis

Le centre de ma vie

Tu es sans mon accord

Le remède à mes remords

Tu es sans mon consentement

Le reflet de mes sentiments

Tu es malgré moi

La maison de mon surmoi

Et tu es sans moi

Mon moi.

Tu t'en vas !!!

L'hiver ou le printemps

C'est pareil en amour apparemment

Etre vide

Observateur d'un rapide

L'ennemi voilant des traits de rides

Vivre pour une passion

Ayant pour semence l'émotion

Aimer, aimer encore sans fiction

Partager son malheur

Passer l'être d'un esprit de bonheur

Prier, crier, réciter des vertus pour le créateur

Se mentir

L'un contre l'autre, ça Tam pis

Creuser une tombe en voulant en finir

Avec le passer qui resurgit

Avouer son tort

Payer son drame et l'âme du sort

Le cœur respirant d'esprit, mais de vie sans corps à corps

Ceci, redit et étant dit pour moi, tu es morte

Et ton cadavre flotte loin du port.

Titre

J'ai besoin de te voir

Et de te voir encore

Et de voir toujours

Quand s'efface le bruit de ta voix

Alors je crois que mon cœur me bats plus

Tu me manque je suis absents de moi-même

Mais dès qu'en fin le bruit de cette voix que J'AIME

Et que j'attends viens frapper mon oreille

Alors il me souvient que je vie

Et je sens mon âme qui me revient.

La fille du soleil

J'ai toujours rêvé d'avoir près de moi

Une fille qui sera la devise mon pays

D'une fille qui me rendra amoureux

Forcement différent de mon mot

Rêve d'avoir une fille aux caresses traumatisantes

Et qui agit avec conscientise et persistance

J'ai toujours rêvé d'une fille qui me sera promise

Elle sera Sarah et moi Moïse

Seulement je continu à rêver d'une fille qui improvise

Quand elle complote et je convertis mes passions bêtises

Et qui aime faire avec reprise

Car je rêve d'une fille qui par amour pour moi pique des crises

De racisme et même dans la boue mon esprit là désir

Oh ma devise

Tu es ma troisième expression

Mais d'une fille qui a refusé d'être prise à cause de moi

Et qui laisse la brise sous mes bras ça je vise

Une fille qui avec ascétise

Me dira JE T'AIME

Et me sucera les lèvres comme si elles étaient des cerises

Qui sème. Je rêve

Car après tout l'homme rêve

D’une chose qu’elle soit bonne ou mauvaise, belle ou laide

Que cette chose s’impose

Mais moi, j’offrirai des roses

A la fille qui marque pause

Dans mon existence et dans mes rêves

Mais toujours je rêve d’elle.

La nuit des temps

Cela fait des années

Que je n'ai plus été alimenté par mes pensées

Cela fait des jours

Que ton image traverse mon esprit comme dans un film

Soudain je me suis vu accrocher par une potence

Ton nom seul pendait sur mes lèvres

Quand tu me parlais

Je pouvais même déjà voire mon avenir dans ton sein

Dis-moi si vrai l'amour pour lequel je me bas

Et qu'avec toi

Je peux être aimé

Je n'ai trouvé aucun langage d'amour pour te remercier

D'être amoureuse

Et de tout

Seul ton nom suffit

Pour que les lumières du jour nuptial

Scintillent dans la nuit des temps.

Amour éternel

Sur une feuille on écrit

Et sur une pierre on grave

Les instants de notre vie

Qui nous rappelles des moments sans répits

Sur un tissu on brode

Mais dans le cœur on laisse grandir

Sans jamais arroser, un amour qui pourtant

S'enracine en nous

UN AMOUR ETERNEL qui devant l'âme du vent

Nous rends perdu

Et puis on se croit le seul à souffrir

Etre le seul à aimer

On croit même être le seul à porter les souffrances qu'inflige l'amour

Et on sonne des trompettes le bruit

D'un éternel combat et pourtant cette vertu

Nous envahir petit à petit et vers une

Solitude

Certain on avance pas à pas en

Harmonie

C'est vrai, on est marqué de ce sceau

Dès le premier regard, dès le premier toucher

Et le plus bizarre est qu'on chante le ciel

Et on loue la terre malgré notre manque perpétuelle

Et on dit éternel le mystère qu'a engendré

Cette rencontre par pitié.

Et on reste là, l'éternel amoureux

Car même si pour une fois on aime tout

Le monde, jamais on oubliera, l'amour

Du premier regard, de la première approche et du premier toucher

Parce que sur feuille on écrit

Mais avec un verre sur une pierre dans

Le cœur on grave l'amour éternel.

Le temps d'aimer

Le temps c'est très vite passer

Me laissant trouver dans ma nature bouleversé

Te conquérir rester la seule image dans ma biodiversité

Avec ces vas et vient que mon âme ne cessait de perpétrer

Aujourd'hui, je trouve et donne raison à mon cœur

De venir vers moi

Malgré les erreurs que j'ai omit, la torpeur sur mes bras

J'accuse le temps,

J'accuse aussi mon cœur d'avoir étais si lent

Et j'accuse encore le temps

Mais je ne le regrette pas

Car je me suis rendu compte que j'avais autant besoin de toi

Et donc la seule que je regrette

C'est de t'avoir laissé partir.

La lettre

Je me sens tout d'un coup

Bouillonnant d'inspiration pour toi

Je veux te dire

Ce que j'aurais te dû te dire depuis mais .....

Te dire combien je tiens à toi

Te dire ce que je ressens pour toi

Te dire ce que tu as fait pour moi

Je donnerais tout ce que je possède sans faille pour ton charme

Tu es celle par qui j'ai reçu la lumière dans mon cœur

Et puisque Dieu a pris soin de son peuple en Égypte

Lui-même prendra soin de toi

Jour pour jour et te donnera

Selon le désir de ton cœur

A tes côtés

J'y serai puisque je tiens à toi

Je te ferai connaitre ce que nous ferons ensemble

Je me battrais chaque jour pour ton bien et bien-être

Jusqu'à ce que se sèche l'encre

Et que je ne puisse plus écrire « la lettre »

Loin de toi

Loin de toi, je digère mon stress

Loin de toi, je redis mon allégresse

Tu m'as jeté un sort

Et j'en suis comme mort

Ton visage reflète la lumière dans mes nuits

Tes paroles telles un ange me réconfortent dans mes ennuies

Tu es l'image de la pureté

Le monument de la virginité

Exemple de la fidélité

Le symbole de la soumission et du respect

L'incarnation du vrai amour

La dépositaire de la sagesse même

Tu as tous ce qu'il faut,

Là où il faut,

Et à la place qu'il faut

Ton corps tel une guitare

Bâtit par un artiste, me tend la main

Ton caractère tel une sainte me montre le chemin

C'est toi le soleil de ma journée

La lune de ma soirée

L'étoile polaire qui me guide quand je me perd

Le nord et le sud de ma boussole

L'aimant galiléen de ma terre

Loin de toi,

Je ne pourrais bâtir mon rêve.

Réalité

Quelque chose empêche la lumière,

Toute lumière devrait parvenir en tous lieux.

Quelque chose endigue la musique,

Toute musique devrait être entendue de tous.

Quelque chose bloque la pensée,

Toute pensée devrait penser toute chose.

Quelque chose emprisonne la vie,

Toute vie devrait être le vivant et le non vivant.

Dans ces circonstances sans remède,

L'homme est une substance gaspillée.

Ton amour a les bras long,

Pour aimer, il faut raccourcir les bras.

Car mon trésor est dans tes mains…

Visage rayonnant

Il a suffi d'un regard,

Pour que soudain tous brille au plaines de la nuit.

J'avais oublié le ciel,

Le brouillard entre les collines,

Rampais et dérobais les cimes.

J'avais oublié le miel,

Et l'or du ciel embrassant

La chevelure du couchant.

Mais il y eut soudain ce cri,

Cristal envolée de l'écume,

Eclatant au cœur de la brume,

Mais il y eut soudain ce cri ;

Dans les profondeurs de la chair,

Brisant la nuit de son éclair,

Alors le soleil libérer,

Pour l'homme régénéré.

Ton parfum

Ce n'était qu'un souvenir lointain,
Une relique aromatisée,
Depuis longtemps enfouie dans ma mémoire,
Ton parfum.
Tu répandais cette fragrance musquée
Dans ton sillage, tel un grimoire
Aux pages corrompues et au titre en latin,
Comment aurais-je pu imaginer
Que ce souvenir délicatement cuire
Renaîtrait de ses cendres un beau matin?
Il est revenu me hanter, badin,
Tendre, caressant, voluptueux, charnel,
Cet encensoir aux accents de bagatelle
Comment y résister? Cet arôme est divin...
J'aimerais y succomber, m'y enfouir,
Mais la morale doit me l'interdire.
Ce parfum qui m'enivre de passion pour toi
Aujourd'hui et pour toujours j'aime
TON parfum.

Le poids de la grâce

Ce fut très longtemps, lorsque je me préparais à la prière,
Je savais qu'il y avait la poussière sur le sanctuaire
Mais la table de confession servait de marche pieds
Et je souffrais, et c'était mon fardeau, et l'homme au corps de bois
Cloué sur ses pieds et sur ses mains baisser la tête devant moi.
Il était comme mort, et comme lui tous ceux qui voudront ressuscités encore
Vendredi, et samedi et dimanche bref trois jours après
Pourtant ce qu'il essayer de fuir consciemment était là
C'était le poids léger de l'humanité
Ce poids léger qui lui couta la vie
L'homme Dieu est mort, mais Dieu Emmanuel
Partout et nulle part dans le ciel montre le sud
Il fait claire de lune attendons le soleil
Dans mon cœur c'est un poteau pieu planté
Et comme le sud, il simplifie le contraire du nord
Et ce qui dans le ciel montre le sud reste un sens
A ce qui autrefois fut la sueur de Dieu jusqu'à sa mort
Et aujourd'hui on souffre et aujourd'hui on peine
Car c'est notre signe, c'est notre fardeau
Et que dans les larmes de mes yeux ma vie passe devant les yeux de Dieu.

Mes larmes

C'eût été bien trop simple

Qu'elle fut la soudaine au milieu de la salle

Où dans le grand bol blanc sur la table de chêne, du lait poursuit sa halte

Oh toi qui es

Présence aux nuits de mon histoire

Tu fais pointer en mes ténèbres l'espérance,

Brise les forces de la nature

De mes yeux je te verrais.

Oh toi qui étais auprès de moi depuis toujours

Ton passage me découvre le mystère de l'amour,

Trace un chemin dans ma vie

Sur tes pas je marcherais.

Oh toi qui viens me prendre dans ton souffle

Tu déploies dans mes faiblesses ta force

Brûle d'amour mon être, alors dans ta joie j'entrerais

Et comme un silence,

Ton doigt puis l'autre sur mon cœur fragile.

Ton amour est unique mamans

En moi qui suis affligé, plein de tristesse

Parce que ton amour c'est éloigner

A cause des fautes qui se commentent toujours

En mon cœur qui aime de plein gré le mauvais

Déverse ton amour sur mon être

Pour consoler mon cœur si triste

Et purifier de la penser mauvaise.

Et renouvelle en-soi ton amour qui ne vieillit jamais

Par ton amour fortifie ma liberté

Et n'ôte point de moi cet amour

Mais que pour le ciel il soit mon guide

Ton amour est unique, et plein de bonté **MAMANS**.

Un monde nouveau

Le jardin clos devant moi s'est ouvert,

Un rythme neuf s'impose à l'univers,

Rétablissant les êtres et les choses

Dans leur candeur natale je propose

Que nous marchions ensemble sur les eaux

Que nous ayons l'audace des oiseaux

Que notre souffle en épousant la terre

Allume un feu nouveau dans nos artères

Rien n'est à craindre tout est beau j'attends

L'éternité promise pour l'instant

Autour de l'axe où me voulait le sort

Je viens de naître je me cherche encore

Mais je suis à la place souveraine

D'un monde neuf donc j'ai saisi les rênes.

N’oublie pas ton trésor !

Lorsqu'on t'attaque,

Que l'on te matraque

Qu'on dit du mal sur toi

Qu'on t'enlève ta joie

Qu'on transforme ton bien en mal

Qu'on détruit ton moral

Et que sais-je encore...

N'oublie pas ton trésor !

Tourne-toi

Et regarde vers ton Roi

Reste en silence

Et trouve ton lance
Pleure dans ton coin
Prends sa sûre ta main.
Lorsqu'on te dénigre
Encore et encore
Que sur toi on rugit tel un tigre
Qu'on te traite comme un porc
Qu'on dit sur toi le pire,
N'oublie pas ton trésor !
Nul ne peut te le ravir
Même si ton navire
Dans la tempête chavire
Il est ta raison de vivre
Ton nom est inscrit dans son Livre
Ton ennemi n'a plus qu'à rougir
Garde le silence
Garde l'espérance
Que la paix soit ton armure
Que la joie soit un rempart
Contre ses murmures
Qui t'assaillent de toutes parts

Et que ta louange
Monte jusqu'à l'infini

Amour sans intérêt

On peut donner à celui qui réclame,
On peut aussi donner à celui qui ne réclame pas.
On peut donner en espérant recevoir,
On peut aussi donner sans rien espérer en retour.
On peut donner ce qui nous gêne,
On peut aussi donner ce qui nous est utile.
On peut donner ce qui humilie l'autre,
On peut aussi donner ce qui l'élève.
On peut donner pour être vu,
On peut aussi donner sans être vu.
On peut donner pour s'imposer,
On peut aussi donner pour servir.
On peut donner par orgueil, par habitude, par lâcheté;
On peut aussi donner par amour.
On peut donner pour le plaisir de donner,
On peut aussi se donner soi-même,
à l'exemple de Jésus.

Fruits inédits

O recru de fatigue

Pleine de poussière

Enchevêtre intrigue

Souillé de terre

Baise le soleil de pierre

A pleine lèvres

Vois le mur et le lierre

Cœur plein de fièvre

Mon amour met, ton épaule

Sur mon épaule

Tes cheveux comme un lin

Fille d'orphelin

Refoule ces sanglots

Et ces alarmes

Et ces cris et ces flots

D'ardentes larmes

Tu me diras enfin

Bonsoir ce soir

Mon amour j'avais tant faim

De te voire

Comme un pâle cœur

Loin de tes bras, les frivoles amours ont engloutis mes heures

Quand par amour tu étends les deux bras

Pour accueillir mon cœur

J'ai parcouru la plaine où soufflait le vent d'est

Et je n'ai vu flotter que l'ombre

Enveloppant les cris des passereaux frileux,

Comment suis-je glacé comme des chaumes secs

Quand tu ouvres sur moi des vannes flamboyantes

Et que le paraclet tisonne sans répit

Le feu de ton cœur.

Pourvu qu'elle soit à moi

Pourvu qu'elle soit à moi

Et que mon cœur jamais ne l'oublie

Jusqu'au tombeau son amitié

Souffrit je ne sais ce que c'est

Ne ressentant qu'amour, ferveur et joie

Je fermerais mes yeux contents

Un éternel et doux cordial

Me seront les flots de ton cœur

Donc la tendresse est si prenante

Qu'elle amollit et perce tout

Pourvu qu'elle je l'ai

Le monde aussi je l'ai

Heureux comme un enfant du ciel

Qui tient le voile de sa mère

Du fond de ma contemplation.

Amour éternel

Lorsqu'il faudrait aller vers toi

Fait que ce soit par un jour de fête

Je désire ainsi que je vies ici-bas

Choisir un chemin pour aller

Comme il me plaira

Au paradis où sont en plein jour les étoiles

J'irai, et je dirai aux âmes mes amis (es)

Je suis VALDEZE LOBE

Et je vais vers ton cœur

Je lui dirai vient, douce amie du ciel

Ne fait que la paix des anges

Me conduit vers des ruisseaux touffus

Où tremblent des cerises lissent comme la chair qui rit de ta présence

Et que dans mon être sur ton pur cœur

Je sois pareil aux âmes qui mireront

Mon humble, et douce pauvreté

A la limpidité pour toi de mon

AMOUR ETERNEL.

Je veux changer ton cœur

Elle représente ce que le ciel à de plus précieux

Elle est l'eau de la terre, le seul oasis dans le désert

D'une vie

Car elle porte celui qui porte tout

Elle veut donner à boire à ceux qui ont soif

Pour que tout devienne amour

Acceptons passer sur le chemin qu'elle fraie

Et même si devant nous, nous ne voyons que le désert

Fermons les yeux et avançons avec confiance

Car ni nos sandale s'userons, ni nos vêtements se déchireront

Son bon et tendre, doux et simple cœur

Chaque jour, nous préserve d'un terrible accident qui vise notre âme

Si nous ne le voyons pas, c'est justement parce qu'elle là fait passer loin de nous.

Parfaite

Chacun de tes regards,
sont autant de caresses pour mon cœur,
ton sourire est le phare,
qui illumine mon âme de sa douce lueur.
Ton incroyable sensualité,
met chaque parcelle de mon corps en émoi.
Sous le charme de ta beauté,
le silence de mon amour à ton égard est roi.
De tes bras je rêve,
qu'ils soient autour de moi pour m'apporter tendresse.
Pour une minute brève,
et alors je tiendrai chacune de mes promesses.

Car tu es un être parfaitement imparfait…

Il n’y a pas d’amour heureux

Rien n’est jamais acquis en l’homme

Ni sa force, ni sa faiblesse

Ma vie ressemble à ses soldats sans armes

Qu’on n’avait habillé pour un autre destin

Dites ces mots ma vie et retenez vos larmes

Car il n’y a pas d’amour heureux

Mon bel amour et chère amour

Je te porte dans mon cœur comme un oiseau blessé

Et ceux-là sans savoir nous regarde passer

Répètent après moi ces mots que j’ai tressés

Et qui pour tes grands yeux

Le temps d’apprendre à vivre

Il est déjà trop tard.

Pour toi

Je serai le prince Thor

Pour éloigner tous ceux qui voudront nous atteindre

Pour toi je vainquais mon talon D'Achille

Afin que personne ne puisse nous atteindre

Pour toi je transformerai des propriétés prêtées chez Archi Melle

Pour que ton cœur soin mien

Pour toi je serai le Roi De L'Égypte Ancienne

Pour que notre amour dure éternellement

Pour j'écrirai des vers sans cesse inspirer d'Hugo

Pour te décrire mon amour

Pour toi je ferai tous cela afin que l'épée de d'Amok claire

Ne passe sur moi et que mon cœur reste tel

Car il ne vit que

Pour Toi

Petite fleure

Comme un réverbère, claire et belle
vous êtes ma chère lumière éternelle
Que dire de vous
lorsque de vos yeux vous me rendez fou.
Toisé sous votre croisée
mon cœur flagellé s'est submergé
Vous me remplissez le cœur de joie
troublé et rempli d'effroi, j'ai la poitrine qui bat.
Petite étincelle charnelle
mon petit rêve, mon irréelle
je vous aime mon bébé
ma rose, ma dulcinée.
Vous êtes l'antidote du poisson
Que vous m'aviez infligé

Parfum d'amour

Je ne pourrais pas, me tenir devant toi si tu révéler toute ta beauté

Chaque jour je veux m'approcher de toi et vivre de ton amour

Et que ta vie soit pour moi comme un parfum d'amour

Ou je ne pourrais allez sans toi à mes côtés

J'ai besoin de toi pour rassurer mon pat

Pour que ma vie soit noyée de lumière

Je veux ma vie brule d'amour pour toi

Que la ferveur grandisse en moi de plus en plus

Je veux t'aimer à la folie

Je veux te donner toute ma vie et vivre en ton honneur

Ta présence est pour moi comme un oasis dans le désert

Ta voix comme un Echoc qui résonne en moi.

Le ciel

La prière deviendra une vie en toi,

Dans la mesure où tu t'adonne continuellement

Comment savoir que ma prière est bonne ?

C'est l'esprit qui inspire la prière

C'est lui qui l'oriente,

Toi laisse toi simplement conduire.

Ne donne pas un sens à ta prière

En suivant tes inclinations Non

Laisse toi être souffle afin que tout en toi sois prière

Comment puis-je me laisser

Fais tout simplement silence

La causalité ex plaire de l'œuvre artistique

(C'est sur le modèle de quoi se réalise l'œuvre) ?

Qu'est-ce qu'une efficacité par elle-même et pour elle-même ?

Quelle est la position claire de l'homme face au travail

Et celle de Dieu face à la prière.

La colombe d'argent

Toi qui veilles en la nuit,
Joyeuse est ta lumière
Tu es la lampe qui brûle et qui luit
Jusqu'à l'aube attendue
Depuis des jours

Tu précèdes le jour
Tu portes l'espérance
Eclaire l'homme en sa quête d'amour
Et ramène son cœur
A l'innocence

Ta lumière décroit
Une autre se révèle
C'est toi qui monte et devance mes pas
Et dans ton aurore
Ta joie parfaite m'anime.

Le rêve d'un être

Si l'être à votre aise passe devant la fortune
Cet être naturellement artificiel
Qui demande si poliment vos âmes à Dieu
Et vous case dans l'espoir de vous embrasser
La fortune, votre fortune, fort d'un rêve
Que vous caresser dans les larmes de la joie
Fort d'une histoire que vous créez malgré la fin
La fortune, votre rêve sous la lune de vos quêtes
Et nulle part ailleurs vous cherchez votre unité
Comme résultat d'un avoir et d'un être
Un avoir qui vous ronge, un avoir qui vous crée
La fortune, votre fille est votre aspiration
Votre vie et celle que vous avez donné
Comme essence à votre existence troublée et fictive.

A tout prix

Au nom du père de celui qui a écrit

Au nom du fils pour celui qui n'existe pas

Et de l'esprit juste aux mains tachées d'actes purs

Au nom de la vie qui nait comme une étoile

Dans une partie de l'univers qui disparait

Devant le crépuscule teinté d'imparfait

Au nom des personnes allongées sur le dos

Au nom de tout ce qu'aucun homme n'a pu faire

Au nom de celui qui se lave dans la mer

Au nom de la foi des mains croisées qui s'ignore

Dans cette route où on descend dans la montée

On jure sur tout, parce que par rien tout ce peut

Pour se croiser avec l'amour un tant soit peu

Et du fade pain qui se mange dans le sang.

Bevela Marthe épouse Ngoube

BEVELA MARTHE est-ce un nom où une voie

Est-ce le chemin que je voyais couvert de feuilles

Trempé dans le sang de cette femme qui souriait

Cette femme au voile qui nous disait de venir

Et qui parlait en chantant au fond de nous

Était son nom, c'était ces pleurs

Son cœur clos dans la lumière cherchait à sortir

Voulait être comme nous, mais elle était esprit

Et j'ai dû toucher ce que je ne voyais pas

Ce jour-là, ce soir-là, devant cette femme là

Et tous les hommes comme moi fixaient ta beauté

La beauté de nos anges et de nos fantasmes

Une beauté qui ne se donne pas, qui se rêve

La beauté de ma voie et notre voie.

Miroirs d'ors

Un jour je descendrai vers toi

Mais sans la prévenir l'orage

Ou quelque grand vent d'ennui

M'aura chassé du ciel

Je choisirai la nuit

Afin nulle ne sache

Que je suis là,

Que nulle ne reconnaisse

Le voyageur du ciel et de la terre

Personne n'y verra clair

Pour me reprocher ma faiblesse

Ou maudire ma dureté

A la première qui viendra

Je demanderai l'heure

Et sans attendre la réponse

Je lui prendrai le bras

Je sécherai ses pleurs

D'un mot magique

Inventé des étoiles

Et pour ne pas entendre

Une parole qui me refroidirait

Je hisserai les voiles et je repartirais

Les enfants saints

Ce qui m'énerve sur les gens de la race marron

C'est qu'ils se battent pour être différent de moi

Ils acceptent l'univers d'un autre monde

Monde qui ne connait le nôtre et qui se tait

Monde qui accepte aussi le mal comme le bien

L'héritage de l'illusion et de la crainte

Un monde qui s'est tu et qui n'a pas parlé

Mais a charmé les autres par son silence et

Les enfants de ce monde sont devenus des vieux

Des hommes qui ont menti et qui mentent en respirant

Des anges qui œuvrent au nom de leurs aspirations

Et se baignent dans ce monde le flou qui se perd dans le noir

Et moi je vis dans ce monde triste et marron

Aux côtés des saints qui parlent seuls en silence.

Celui qui porte le bois

Dis-moi ce que tu ressens face au bois de ta douleur

Tu voile ton visage je l'ai vu mais de quoi as-tu peur

Est-ce de toi ?, du bois ?, ou de la personne qui porte le bois ?

Le mal de ton âme se voit sur ton vêtement

Et à côtés de toi, deux (2) natures différentes

L'homme sur terre, Dieu sur le bois entre la terre et le ciel

Et tu pleurs je le vois mais de quoi as-tu peur ?

Est-ce de toi du bois ou de celui qui porte le bois ?

Le fils que mes rêves ont enfanté, ma chair l'a perdu

Et j'étais là devant ses bras qui épousaient le bois

Mon mal était présent telle la douleur du travail

Telle la douleur de la femme qui donne la vie

Ma douleur était mon mal, un mal d'amour

Pas pour moi, ni pour le bois mais pour « celui qui porte le bois.

Ma sœur

Au lieu de demander les richesses au seigneur, deviens plus tôt des richesses du seigneur pour ton frère

Alors dans la richesse tu seras et de la richesse tu auras

Au lieu de demander l'amour au seigneur deviens plus tôt, l'amour du seigneur pour ton frère

Alors dans l'amour tu seras et de l'amour tu auras.

Ne pleure jamais devant les autres

Car celui qui ne te connait pas rit

Celui qui hait jouit

Et celui qui t'aime comme moi

Souffre.

La mort

La mort est une agence
De voyage où l'on payer
Un billet pour un allez simple
Mourir c'est partir pour un autre pays
Qu'on ne connait même pas
Mourir c'est rencontre des personnes
Qu'on n'ignore
Dans une autre maison
Mourir c'est habiter
Où toi seul est maître
De ton destin, de tes désir, et volontés
Mourir c'est apprendre
À parler une autre langue
Quand tu vie tu es conscient que tu vie
Mais dès que tu meurs tu ne sais pas que tu es mort
Jusqu'à ce que ton âme repose en paix.

La prière

La prière de viendra une vie en toi

Dans la mesure où tu t'adonne continuellement

Comment savoir que ma prière est bonne ?

C'est l'esprit qui inspire la prière c'est lui qui l'oriente

Toi laisse toi simplement conduire

Ne donne pas un sens à ta prière en suivant tes inclinations

Non; laisse toi être souffle

Afin que tous en toi sois prière

Comment ô père, comment puis-je me laissé

Fais silence je t'apprendrai à t'offrir.

L’eau de la mer

Voici que je me tiens

A vos yeux

Comme me tenant devant la mer

Avec ses vagues

Qui m’atteigne en retirant

Sous mes pieds le sable

De la plage

Où que votre amour m’atteigne

Comme ses vagues

De la mer et que je retire

Sous mes pieds le sable

De mes fautes.

Histoire d'amour

Les plus belles histoires d'amour

Sont celle qui ne raconte pas

Qui ne s'écrivent pas

Mais celle-là qui se vit au quotidien

L'amour c'est tous ce qui nous

Restent lorsqu'on n'as tous perdu

Aimer sans compter

Aimer malgré tous

Aime celui qui t'aime

Aime celui qui te ressemble

Aime par-dessus tous

Celui qui est différent de toi

Tant physiquement qu'intellectuellement

Car

Où lieu de demander les richesses au seigneur

Soit toi-même richesse du seigneur

Pour ton frère

Alors la richesse tu auras

Et la richesse tu seras pour ton frère

Où lieu de demander l'amour au seigneur

Soit plus tôt amour du seigneur

Pour ton frère

Alors l'amour tu auras

Et l'amour tu seras pour ton frère

L'amour c'est tous ce qu'il y a au monde

Quelque fois joyeuse,

Dès fois triste

Mais une chose est sûre et certain.

L’étoile d’amour

Entend mon cœur d’être à toi

J’écris ton amour qui fait chanter mon cœur

Si tu m’as mis un rêve dans mon cœur

Je le garderais comme un trésor

Quand je sais surtout que ce rêve ne vient pas de moi

Je persévère

Ton amour lui est certain

Ton amour n’as pas de prix

Reçois cette étoile d’amour

Je ferais de toi le sujet de ma joie

J’irais là où tu iras

J’ai trouvé un trésor enfuit dans la terre

Alors je te confis mon cœur

Pourquoi je vie si ce n’est pour toi

Qu’il est bon de t’exprimer ce que je ressens pour toi

J’ai perdu

Une amie, une femme, une sœur

Mais j’en ai retrouvé une autre

Tu es l’étoile de ma vie

Sombre nuit

Dans cette nuit sombre remplit d'incertitude
De désespoir mais surtout plein de mystère
Où aucune trace ne passe et repasse
Je fais rase de mon passé tumultueux
Tout cela dans l'espoir de voir un jour
Cette lueur qui me redonnera espoir
En un lendemain encore plus meilleur
Celui d'être près de toi
Pour toi et avec toi pour la vie.

L'amour perdu

J'aimerais tant que l'amour qui m'est destiné

Apparaisse dans ma vie pour de vrai

Pour que nous nous retrouvions ensemble à l'unisson

Comment faire comprendre à quelqu'un

Qui a été trahi, blessés, jugé et humilier

De ce laissé à nouveau guider

Vers ce chemin qui lui a été destiné

Qu'est celui d'être unis à toi à jamais

Moi personnellement je ne sais pas

Et je ne sais plus comment faire.

Agir pour le bien de l'autre et le rendre heureux

Pour cela il me faudrait un miracle

Une solution du ciel qui m'arrive jusqu'à

Mes oreilles dans mon sommeille

Et ainsi que dans mes rêves

Car maintenant je ne rêve que de toi.

Je t'aime

Je t'aime, je t'adore je n'ai d'autre pensée que toi au monde

J'existe par toi

Seule ta vie est la mienne

Je ne veux pour flambeaux que tes yeux

J'ai dans mon âme une fleur

Que nul ne peux cueillir

J'aime tes yeux, et ton sourire

Je puise dans tes yeux le bonheur et la vie

Ta bouche c'est le miel même

Mon âme veut s'y poser

Je t'embrasse comme

JE T'AIME.

La lumière de mon cœur

Tu es comme une source de lumière

Qui jaillit de mon cœur

Un jour passer sans te lire, avoir de tes nouvelles

Est comme un jour sans soleil, un royaume sans roi

Et une vie sans espoir

Toujours plonger dans une solitude

Me rapprochant peu à peu près du gouffre de la mort

Seul un mot de toi, ton appelle, ton cœur et ton amour

Pourra ne sortir de là

Ma promesse

Ma promesse, ma petite ivresse

Depuis longtemps ta vie m'a fermenté

Petite princesse

Aux yeux écarlates le bleu du ciel sous la pluie

S'est délavé prend ma main

On voit déjà se lever l'arc-en-ciel au loin

Image un royaume sans roi

Imagine un chanteur sans voix

Imagine une nuit sans lune, ni étoile

Imagine une main sans doigts

Mais n'imagine pas ma vie sans TOI.

Ton visage

Tes yeux sont des poèmes qui se lisent en silence

Les yeux vers le ciel je voix ton image en moi

Je me noie dans ce ciel gris

Pointiller en blanc dans mes pensées

Torturer par ton souvenir

Lorsque tes paroles en resurgis

Comme un souvenir qu'on n'a déjà oublier

Quand je pense à ton image

J'ai le monde entre mes mains

Quand je ferme les yeux et que la solitude m'engloutie

Tes paroles en moi me rassurent

Ta beauté est si redoutable.

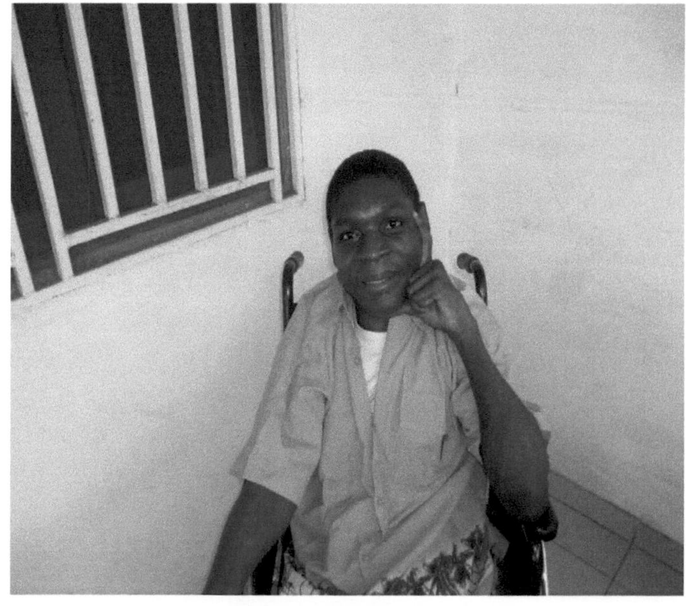

Ton absence

Tu n'es plus là Ton absence est ma souffrance

Tu es partie ton éternelle absence est ma sentence

J'écris des mots au néant pour faire face à ton silence

J'écris mes maux en espérant retrouver ma chance

L'absence d'un être cher est une dure épreuve de vie

Quand l'être aimé vous manque s'efface toute envie

Les mots d'amour, tu me manques et Je pense à toi

Sont des cris de S.O.S pour celui qui a perdu la foi

Dis quand reviendras-tu ? Dis au moins le sais-tu ?

Ton absence est mon drame… Ton absence me tue

J'ai peur sans toi, je ne sais point vivre sans ton amour

J'ai le mal de toi, J'ai besoin de toi mais tu restes sourd

Reçois ce poème qui te dit combien tu me manques toujours

J'écris ce triste message de détresse à ton âme évanouie dans la nuit

Mon amour, te savoir loin de moi est une flamme qui me brule nuits et jours

Ma tendresse infinie, ce poème d'amour est de ma souffrance le fruit

Tu me manques trop ! Je t'aime, la vie sans toi n'est qu'un triste poème

Chaque fête des amoureux est comme une épée dans mon cœur

Ton absence est un enfer dans lequel chaque jour je me meurs, je t'aime

Reviens-moi je t'en supplie, je n'ai sais pas vivre sans mon âme sœur.

Ma vie

Change la direction de ma vie,
En offrant de merveilleux jours à mes prochains hivers,
Des étoiles qui brillent à chacune de mes nuits,
Une passion à montrer à tout l'univers.

Je veux comme par un doux privilège,
Que je fasse partie de tes demains,
Me protégeant qu'il vente, qu'il neige,
De garder ta main dans la mienne en vain.

Me permets-tu que chaque jour j'admire,
La clarté de tes yeux qui m'ont brûlé,
Tes baisers que ma bouche aspire,
Promets-moi de jamais m'en priver.

Je sais ce que je veux, écoute mes envies,
Par ton affection, tu as touché mon cœur,
Laisse-moi dans tes bras continuer ainsi,
Le roman de ma vie, dont toi tu en es l'auteur.

Ma déception

C'est un amour qui lâchement m'a trahi
Prétendant que chacun a le choix de sa vie,
Oubliant les moments de bonheur partagés,
Et toutes ces belles promesses échangées.

C'est une amie qui trop souvent m'oublie
Quand dans ma vie tout va bien pour toi.
Qui fait toujours appel un jour à vous
Pour le sortir encore d'un mauvais coup.

C'est la famille qui nous laisse le choix,
Préférant tout ignorer de nos espoirs.
Prétextant que chacun doit vivre sa vie
Que le temps presse quand tout est fini.

C'est le bonheur qui nous tourne le dos,
Nous laissant seul gisant sur le carreau,
Après nous avoir infligé une dure raclé
Que nous n'avions vraiment pas mérité.

Ce sont ces gens, ces spectateurs de la vie,
Qui avec impudeur jugent prestement autrui,

Définissant le bonheur comme une mort subite,
Apeurés que la faucheuse ne leur rende visite.

Ce sont ces pauvres personnes pour qui l'égoïsme
Est de ne pas penser aux autres et qui croient légitime
Que l'on accorde plus d'importance à leur petite vie,
Et qui restent de marbre devant un enfant meurtri.

C'est de me battre seul contre des moulins,
Tout en sachant que ça ne sert vraiment à rien !
Sauf à brasser l'air du temps... l'air du vent.
Ma déception, c'est de me décevoir moi-même,
De temps en temps !

La vie sans toi, je ne peux pas

J'ai peur et si froid !

Je veux rester auprès de Toi,
Mon refuge, ma plus grande
joie !
C'est dans Tes bras,
Que j'aime me blottir,
Sans vouloir en sortir
Même s'ils me disent "où est ta Reine?
Elle t'a abandonné !
Je ne les crois pas !
Mieux vaut mourir de suite,
Une très belle fuite, Plutôt que de vivre ici-bas sans toi à mes côtés
Je m'accroche de tout cœur,
A ta vie,
Je t'aime à l'infini !
La vie sans toi, je peux pas ... Ce ne serait que tristesse,
Désespoir, détresse,
La fin de tout.
Combien ils sont malheureux
Ceux qui ne te connaissent pas, Il faut que je leur parle de toi
Une seconde à Tes côtés vaut et est plus que
de l'or,
Inestimable trésor Qui me remplit d'un amour si
fort !

Au cœur solitaire

Le bonheur est mélancolique.

Le cri des plus joyeux oiseaux

Paraît lointain comme de l'eau

Où se noierait une musique.

Ô le rire adorable d'amour

De tout ce qui m'environne !

Autour de mon bonheur en fleur

Une abeille éternelle bourdonne...

Elle se clôt doucement et s'apaise,

Mon âme heureuse ;

Elle se tait,

La rose qui chantait.

Au cœur solitaire du bonheur,

Devenu mon cœur même,

Quelle paix divine en ce jour,

Et quelle plénitude suprême !

À l'œil qui s'en repaît longtemps

La couleur des fleurs est moins fraîche ;

L'herbe a parfois l'air d'être sèche

Sur le sein même du printemps.

L'allégresse comme un mensonge

Hausse sa note d'un degré

Et l'angoisse au cœur se prolonge

Sous un jour trop longtemps doré.

Un rêve de bonheur

Un rêve de bonheur qui souvent m'accompagne,

C'est d'avoir un logis donnant sur la campagne,

Près des toits, tout au bout du faubourg prolongé,

Où je vivrais ainsi comme un ouvrier dérangé.

C'est là, me semble-t-il, qu'on ferait un bon livre.

En hiver, l'horizon des coteaux blancs de givre ;

En été, le grand ciel et l'air qui sent les bois ;

Et les rares amis, qui viendraient quelquefois

Pour me voir, de très loin, pourraient me reconnaître,

Jouant du flamenco, assis à ma fenêtre

C'est au sein du devoir qu'on trouve le bonheur :

Le bonheur est partout lorsqu'on règle son cœur ;

Il se montre aux cités, il habite au village,

Quelquefois chez les grands, toujours avec le sage.

Si par de faux sentiers l'homme en vain le poursuit,

C'est à tort qu'il se plaint que le bonheur le fuit :

Quand à courir après notre ardeur nous emporte,

Nous le cherchons bien loin, il est à notre porte.

Loin de toi

L'espérance, le souvenir,

Ne charmeront point ma jeunesse ;

Mais il me reste le plaisir

De m'abuser sur sa tendresse.

Puissance de l'illusion,

Toi qui m'entraînes, me diriges,

À mon imagination,

Prêtes enfin tes heureux prestiges !

Loin de lui, je vais croire encore

Que, de moi, son âme remplie,

Avec ivresse, avec transport,

Projette d'aimer pour la vie.

Et lorsqu'au sein de mon erreur,

Je croirai le revoir, de même,

Son abord sera le bonheur !

Son sourire le bonheur suprême !

Je saurai donc, dès ce moment,

Me le figurer plein de flamme,

Ce doux regard de mon amant,

Qui peint le calme de son âme !

Prêter sans cesse à ses discours

Tout l'abandon, tout le délire,

Tout l'enchantement des amours,

Dont il connaît si peu l'empire.

Amour sans amour

Amour qui n'obtient point amour,

Froisse l'âme désespérée ;

Sentiment payé de retour

N'est guère de longue durée ;

Ne rien sentir, n'inspirer rien,

Est comparable au néant même :

Enfin, lorsque j'y pense bien,

Le bonheur me semble un problème.

Amour qui n'obtient point amour,

Est comparable au néant même :

Enfin, lorsque j'y pense bien,

Le bonheur me semble un problème.

C'est à vouloir ce qu'on n'a pas,

Que l'on passe son existence ;

Le bien présent n'a plus d'appas,

Le bien perdu devient souffrance :

Ce qu'on obtient facilement

N'est jamais l'objet qui nous tente ;

C'est au bonheur que l'on prétend

Et l'on poursuit ce qui tourmente.

Mon souhait

J'ai le bonheur tous au fond de mon cœur, celui pour ma toute première fois d'être aimé par une fille particulière, unique et rare comme toi ma chérie et je désire qu'il dure pour l'éternité me réchauffer près et contre toi quand le froid est le souhait de mon cœur, ta sueur sera pour moi mon parfum de tous les jours où que je serais tu y seras toujours avec moi car tu me donne la chance dans ma vie, sans toi ma vie est fragile, tu es si simple et sincère par ta chaleur tu es une fille à découvrit rempli de beauté et très captivante tu es la reine de mon empire dans la pauvreté ou tu apportes ta richesse qui est ton amour, ta compréhension, ton soutien, et ta beauté qui surpasse tout le monde j'ai écris ton nom sur la plage mais les vagues l'ont emporter, je l'ai graver sur un arbre mais l'usure du temps l'as effacer alors j'ai prélever mon sang tous droit dans mon cœur et je l'ai inscrit à l'intérieure pour que rien ni personne ne me l'ôte et que toujours tu y soit et reste pour la vie, le simplicité est l'un de tes caractéristique, ma chérie si j'étais un roi je te donnerais tous l'or du monde, si j'étais un jardinier j''offrirais la plus belle rose de mon jardin mais plus que tu es un amour je te donne mon cœur et te demande de faire de ça ce que tu veux, tu peux le piétiner ou l'écraser mais m'oublier pas que tu y est à l'intérieure. Pour toi je resterais le même celui que tu as voulu avoir dans ta vie qui purge sa peine comme un *pauvre regard perdu sans toi je suis comme perdu alors je dépose à tes pieds mon âme à nu maintenant je suis à genoux devant ta beauté comme perdu alors je dépose à tes pieds mon âme à nu maintenant je suis à genoux devant ta beauté…

Printed by Books on Demand GmbH, Norderstedt / Germany